그리다가 만 자화상

김동진 시집

청옥

그리다가 만 자화상

시인의 말

시집 1집 원고를 정리하면서 아쉬웠다. 한정된 지면 관계로 시집에 싣지 못한 남은 詩들이 많았기 때문이다. 언젠가 될지는 모르지만 2집을 내야겠다고 생각은 하고 있었지만 의외로 2집 낼 기회가 빨리 왔다. 참 감사한 일이다.

이 시집은 예전 시와 최근 새로 쓴 시로 되어있다. 벌써 3집을 욕심내 보지만 아직은 생각일 뿐이다. 그저 틈틈이 쓰다 보면 또 우연히 기회가 오리라 생각한다. 다른 분들은 시를 어찌 쓰시는지 모르겠지만 나는 쓰면 쓸수록 어렵게만 느껴진다.

시 하나하나가 쉽게 쓰인 것이 없이 모진 고뇌 끝에 탄생되었다. 내 시는 주로 과거를 회상하는 시가 많다. 많은 나이 탓도 있겠지만 내 어린 시절과 젊은 시절이 결코, 풍족하고 행복했다고 생각진 않아도 과거라는 시간의 무지개를 통해 들여다보는 그 시절들은 왠지 동화 속 이야기처럼 문득문득 달려가고픈 시간 여행이다.

다음으론 아버지에 관한 시가 몇 편 있다. 아버지가 우리 가족에게 결코 좋은 가장이셨다고는 할 수 없지만, 나이가 들어갈수록 그 시절 아버지의 고뇌를 알 수 있을 것 같다.

시는 나의 삶의 표현이고 나의 꿈이다. 늦게 시작한 시가 내게 위로와 활력을 주고 인생의 의미를 다시 깨닫게 해주는 인생의 길잡이가 되었다. 어휘력이 풍부해지고 쓰는 말도 예전보다 훨씬 부드러워졌다. 내 인생에서 최고 잘한 일이 있다면 시를 선택했다는 일이다. 모두 다 내 곁을 떠났지만, 시만이 내 곁을 지켜주며 위로해 줄 뿐이다.

언제고 내가 세상을 떠날지라도 내 시는 남아 여러분과 함께 아파하고 슬퍼하고 기뻐하며 위로해 주고 삶을 고뇌할 것이다.

2025년

목 차●●●

04 ● 시인의 말

제1부 삶의 표정/인생의 표정

13 ● 삶의 무게를 느낄 때
14 ● 우렁각시
15 ● 남항동 부둣가
16 ● 방랑자
17 ● 아버지의 술잔
18 ● 설거지 구시렁
19 ● 봄날은 간다
20 ● 인생 유감遺憾
21 ● 회상
22 ● 꽃밭에서
23 ● 아버지 요리 교실
24 ● 재첩국
25 ● 삶의 부호
26 ● 찻집의 오후
27 ● 병실의 하루

제2부 그리움의 터전

31 ● 어머니의 봄날
32 ● 콩나물밥
33 ● 어버이날과 카네이션
34 ● 참회
35 ● 아버지의 해학
36 ● 반찬 가게
37 ● 아버지의 바다
38 ● 김밥
40 ● 새벽밥
41 ● 뒷모습의 비애
42 ● 휴가
43 ● 아버지의 통곡
44 ● 아내의 삼겹살 구이
46 ● 설렘
47 ● 멍에
48 ● 누이
50 ● 고두밥

제3부 생의 한 페이지

53 • 동병상련同病相憐
54 • 시장 가는 날
55 • 잡초면 어때서
56 • 초평에서의 추억
57 • 담배
58 • 가을의 끝자락에서
59 • 겨울 동화
60 • 생선 장사 부부
61 • 안녕 '겨울'아
62 • 콩깍지
63 • 돌아온 아이들
64 • 하숙생
65 • 백문조鳥 입양기入養記
66 • 포장마차 부부
67 • 이발소
68 • 담배 한 대의 배려
70 • 이등병

제4부 마음의 낙서

73 ● 인연의 참다움
74 ● 간이역
75 ● 비 오는 날의 기대
76 ● 신문지 밥상
77 ● 도시 열차
78 ● 단풍잎 엽서
79 ● 후회
80 ● 가을 연가
81 ● 망각
82 ● 폭풍의 언덕
83 ● 짝사랑
84 ● 추억을 연주하는 피아노
86 ● 방학 숙제
88 ● 눈사람
89 ● 꿈길에서
90 ● 외사랑의 찬가

제5부 그리다가 만 자화상

93 • 시詩와 나
94 • 어느 하루
95 • 졸업
96 • 인간 시장
97 • 새 달력
98 • 집으로 가는 길
99 • 오디션
100 • 자린고비 작전
102 • 도시락
103 • 지하철 도우미
104 • 졸업 여행
105 • 집들이
106 • 건망증과의 전쟁
107 • 그림자
108 • 생과의 사투死鬪
109 • 슬픈 육체

110 • 도움말 / 문영길
　　　 진솔한 삶의 표정에서 발췌한 서정抒情

제1부

삶의 표정/인생의 표정

삶의 무게를 느낄 때

아침이 오기엔 아직 먼 캄캄한 새벽
오가는 사람도 차도 뜸한 거리에서
마치 어둠을 쓸어 내려는 듯
거리 구석구석을 혼자서 청소한다

바람에 나뒹구는 낙엽과 담배꽁초
구겨진 화장지 찌그러진 깡통
세상의 온갖 사연을 담은 쓰레기들
쓸고 또 쓸어 모아 쓰레기봉투에 담는다

제법 말끔해진 거리만큼 먼동 밝아 오면
거리엔 오가는 사람들의 뭇시선이
나를 비질하듯 쓸고 나는 한 없이 작아져
쉼 없이 열등감을 빗자루로 쓸고 있다

내 자존심을 쓸어 내고
내 아픔을 쓸어 내고
내 슬픔을 쓸어 내고
내 인생을 쓸어 담고 있다

우렁각시

우리 집 담 너머에 우렁각시가 산다
가끔 담 넘어오는
따스한 온정 담긴 음식

떡이랑 약밥 김밥 구수한 된장국
음식보다 그 마음 고마워
담 너머에 가끔 시선 머문다

지난봄엔 한 아름 꽃모종
담 너머에서 이사 와
한여름 꽃밭 화사하게 장식했다

늘 황량한 가슴이 생각만 해도
화사한 꽃 피우는
담 너 너머 우렁각시

오늘도 잔잔한 미소에 울렁이게 하는
"여기 좀 봐요"
소프라노 목소리가 정겹다

남항동 부둣가

지하철 남포역 5번 출구로 나서면 영도다리
도로변 즐비한 한약 약종상
당귀 계피 한약 냄새가 기분 좋게 코끝을 자극한다

듣는 이 없어도 무한 반복하는 현인의 '굳세어라 금순아'
아직도 고집하는 사진 속 옛 풍경 남항동 부두 거리
항로 잃은 배들 우시장 소처럼 코뚜레 걸고 있는 부두
앙증맞은 통통배 하나 어디론가
연신 도넛 연기를 내 뿜으며 바쁘게 달려간다

땀과 비린내, 담배 연기에 찌든 항구
휘황한 네온사인 반짝이면 몰려드는 사내들
고된 하루가 술잔에 쏟아지고
립스틱 짙은 여인들 교태가 어우러지면
항구의 밤은 술에 취해 비틀거린다

출렁이는 파도에 주인 잃은 배들
어둠 속에서 황소 울음을 터트리고 있다

방랑자

구름 따라 바람 따라 타관 땅 떠돈 세월
어느새 백발일세
어허 지난날이 봄날의 꿈이었나

산에 산에 꽃이 피네
들에 들에 꽃이 피네

임 찾아가는 길
봄바람 꽃바람에 덩실덩실 춤바람

산에 산에 꽃이 지네
들에 들에 꽃이 지네
타향살이 서러워 으쓱으쓱 어깨춤

눈 덮인 서산마루
저녁노을 붉게 타고
두둥둥 두두 둥둥 산사의 북소리
쓸쓸함이 깊다

아버지의 술잔

세상에 아버지란 이름처럼 외로운 사람 있을까
남들처럼 잘 해주지 못해 아내에게 미안하고
자랑스러운 아비가 못돼 늘 혼자서 자책을 한다

아버지는 밤마다 악몽을 꾸지만
아침이면 마치 영웅처럼 당당하게 나서는 집
모퉁이를 돌면 어깨가 처지고 걸음이 느려진다

직장엔 호통치는 상사와 치고 올라오는 후배들
늘 불안하여 편치 않은 마음을
가족 앞에선 내색할 수 없으니 어쩌랴

아버지는 울고 싶어도 제대로 울지 못한다
숨을 곳이 없어 화장실에서 주먹으로 눈물 쓱 닦고
씩 웃으며 나온다

허름한 포장마차에 너울거리는 그림자
아버지의 술잔엔
반은 한숨 반은 못다 흘린 눈물이다

설거지 구시렁

잘 차려진 밥상은 아니지만
생선구이 콩나물국 김치 달걀부침
혼밥 치곤 괜찮은 밥상

혼자 먹는 밥이니
누구 눈치 보지 않고 느긋하다
때론 한 시간도 더 먹는다

천하태평
그런데 식후가 문제다
식곤증 몰려와 꼼짝하기 싫다

겨우 일어나 남은 반찬은 냉장고에
빈 그릇은 설거지통에
그 후는 나 몰라라

밥 먹기도 귀찮게 하는
설거지 공포
어디 우렁각시 없나요

봄날은 간다

화창한 봄날 마침 일요일
들뜬 마음으로 봄나들이 나섰다
코로나에 갇혀있던 몸과 맘
거리엔 모처럼 사람들 붐빈다

바닷가 맛집 전복죽으로
점심 허기 달래고
차 한 잔 여유 찾아 나선
카페 '풍경 속으로'
꼬불꼬불 산골 길 숲속 작은 정원
봄은 무르익어 그림 같은 풍경
봄바람에 연둣빛 새봄의 물결
물소리 새소리 숲속의 합창이 반긴다

입안 가득 고이는 박하차의 진한 향
피천득의 시 감성을 자극하고
눈에 쏘옥 꽃 그림
추억 속의 음악 감미롭다

금낭화 곱게 핀 봄날은 간다

인생 유감遺憾

오대양 누빌 젊은 시절엔 늘 부러웠던 육상 직장인의 일상, 아내의 인사 받으며 출근하고 퇴근길 포장마차에서 동료들과 나누는 술 한잔에 그날의 고단함을 풀고 가족들과 오순도순 이야기꽃 마누라 투정 섞인 바가지도 허허 웃어넘기는 평범한 일상 그리웠다

어느새 팔십을 바라보는 내 나이, 인생의 팔부능선에 가족들 다 떠나고 혼자 뭍에서 걷고 있는 인생길

젊은 시절이 다시 온다 해도 반복하고 싶지 않은 내 고단했던 지난날이건만 그래도 다시 시작할 수만 있다면 못다 한 공부, 숙제로 남은 나의 많은 미완의 발명품을 완성해서 우리 인류에게 공헌하고 싶다

회상

쉼 없이 달려온 날들이 까마득해
망각의 바다에 회상의 낚시 드리우고
지난 추억을 건져 올린다

한여름 푸른 바다에 두 발 담그고
한 움큼 모래 흩뿌려 날리면
지난날들이 파도에 밀려 사라진다

그리운 사람 보고 싶은 얼굴들이
물너울에 숨바꼭질하며
수평선 너머로 아스라이 밀려간다

온 바다에 바람이 분다
하얀 파도가 어깨동무하고
덩실덩실 춤을 추며 몰려든다

망각의 바다에 회상의 그물을 던져
오늘도 하나둘
지난날들을 건져 올린다

꽃밭에서

창고 옆 한 평 남짓 좁은 땅
봄부터 정성 쏟아 꽃을 심었다

채송화 봉선화 씨 뿌리고
유홍초 네 포기
야생 나팔꽃도 조심스레 모셔와
들며 날며 애지중지 보살피니
유홍초 쑥쑥 나팔꽃 덩굴손 내밀어
그물망 타고 오른 진보라 나팔꽃
유홍초는 새빨간 별꽃
키다리 봉숭아 난쟁이 채송화도
빨간꽃 노란꽃 피었다

'아빠가 매어 놓은 새끼줄 따라
나팔꽃도 어울리게 피었습니다'
창 너머로 흐르는 하모니카 소리에
나비도 날아와 팔랑팔랑 춤춘다

아버지 요리 교실

아내 떠나고 어머니 연로하시니
나 혼자일 언젠가는 꼭 필요한 일이지만
낯설다, 주방에 선다는 게

마산 여성 회관의 아버지 요리강좌
앞치마 두른 나이 든 사내들
사뭇 표정이 진지하다

강사의 말대로 다듬고 썰고 양념해서
가스 불에 올리니
만들어지는 음식이 신기하고 재미있었다
물론 맛과 모양은 별로겠지만

십여 년 전 그때 비하면 선수지만
혼자이기에 더 어색하고 쓸쓸한 마음
오늘은 앞치마하고 요리사 기분을 낸다

고작 라면을 끓이면서

재첩국

뽀얀 국물에 가라앉은 조갯살
휘휘 저어 싱싱한 부추 넣고 마시면
밤새 술에 시달린 속 풀어 주던
'재첩국 사이소 재첩국'
양동이를 인 아낙이 새벽 주택가를 돌며
여인의 애달픈 목소리

요즘엔 달라진 풍경
자동차 스피커가 아주머니 대신 외친다
'재첩국 사이소 재첩국'
옛날 정취 사라져 아쉽지만
시원한 뽀얀 국물 맛 여전해
아침이면 재첩국 소리에 귀를 세운다

한겨울 '찹쌀 떠억' 소리
새벽 재첩국 소리가 아련하다

삶의 부호

잠시 쉬어가자
무어 그리 바쁜가
어차피 언젠가는 떠나야 할
나그넷길 아닌가

빈손으로 떠날 인생
오욕칠정에 흔들리지 마라
모든 것 순간에 지나간다
무어 그리 헛된 허상에 집착하는가

이제껏 인생을 물음표로 살았다면
마지막 가는 길
고마웠다
행복했다

느낌표 하나 남기고 가자

찻집의 오후

모든 것을 태워 버릴 듯한 한여름 오후
이글거리는 태양 숨이 턱에 닿는다

금사지구대에서 십 여분 걸어 만나는
도로변 찻집의 잘 가꾸어진 소담스러운 정원
이름이 정겹다

"커피 언니"

조용한 음악에 차분히 가라앉는 마음
아기자기한 소품의 실내 장식은
과장되지 않게 수수하고 예뻐서 정이 간다

여름 한낮의 찜통더위 속
고된 일상을 잠시 쉬어 가는 찻집에 오후
젊은 여사장의 풋풋한 미소는 덤이다

병실의 하루

오른쪽 무릎 연골 손상 왼손가락 골절
일하다 무너지는 흙더미에 다쳐 입원하고
한 달여지만 이만한 게 다행이라는데
병원에서 내가 할 수 있는 일이란 게 고작
간호사에게 고분고분 주사 잘 맞고
약 잘 먹고 주는 밥 불평 없이 잘 먹는 일이다

다른 사람들은 면회도 많이 오는 것 같은데
난 면회 오는 사람 하나 없으니
저 사람 세상을 잘 못 살았나 봐
수군대는 것 같아 마음이 불편하기도 하지만
매일 시도 쓰고 일기를 썼다
아니면 창밖 거리 구경
다들 저리 바쁘게 사는데 난 병원 신세라니
어느새 빨갛게 물들어 오는 저녁 하늘
병실의 지루한 하루가
창밖으로 쏟아져 나가고 있다

나는 그 거리를 힘차게 달리고 있었다

제2부

그리움의 터전

어머니의 봄날

화창한 봄날에 "어머니 봄나들이 가요"
"그래 어디?"라며 반색하셨었지

온통 꽃밭인 집 근처 공원
오가는 사람들 얼굴에 활짝 핀 웃음꽃
모처럼 아들과의 나들이에
어머니의 얼굴에도 봄꽃이 활짝
이렇게 좋아하시는 걸 왜 자주 못 했는지

늘 술 취해 있는 아들
그런 남편 닦달하는 며느리
이 눈치 저 눈치에 무척 힘드셨을 텐데
세월 흘러 그때의 어머니만큼 늙어
이젠 아내도 자식들도 내 곁을 떠나갔다

지금은 세상에 안 계시는 어머니
"어머니 봄나들이 가요"
"그럴까" 웃으시며 따라나서는 어머니의 환영幻影
괜한 눈물이 고인다

콩나물밥

어젯밤 꿈속에 뵌 고운 자태의 어머니
꿈 깨어 이 생각 저 생각
갑자기 어릴 적 먹던 콩나물밥 생각이 났다

어머니 솜씨를 흉내 내어 본다
압력밥솥에 쌀 씻어
오동통 살찐 콩나물 돼지 삼겹살 넣고
밥 되기 기다리는 동안
쪽파 마늘 고춧가루 깨소금 간장에
참기름 동동 띄워 양념장도 만들었다

김이 솔솔 나는 모양은 그럴듯한 콩나물밥
양념장 쓱쓱 비벼 순식간에 한 대접 비웠다

어머니 해주시던 그 맛을 따라갈 순 없지만
모처럼 어머니를 추억하며 먹는 콩나물밥
어젯밤 꿈속처럼
코흘리개 어린 내가 되어 본다

어버이날과 카네이션

어버이날 하루 전 배달 온 카네이션
가슴이 뭉클했다
세상 인연 다 잊고 살았는데
평생 아비 구실 제대로 해 본 적 없으니
무슨 염치로 아비 대접받을 건가 싶었는데
내게 자식이란 끈이 남아있었다

각자 산 지 십여 년 시공의 간극
이젠 혼자 사는 데 익숙해 자식마저도 불편했고
일 년에 두 번 명절의 만남도 부자연스러웠는데
꽃을 받고 나니
섭섭했던 마음 눈 녹듯 사라져
내가 잘못 살았구나 하는
후회와 미안한 마음 밀려온다

어머니 방에 꽃을 꽂으며 혼잣말을 한다
"저 열심히 잘살고 있으니 걱정하지 마세요
보세요, 광일이가 꽃을 보내 왔어요
어버이날이라고…"

참회

살아 계실 때 제대로 모시지 못해서
부모님께 늘 죄인이었다

나이 든 지금 부모 노릇 제대로 못 해
자식들에게 미안하여 아프고 괴롭다

젊어선 부모 탓 늙어선 자식 탓
돌아보니 참 어리석게 헛산 삶이다

다 내 탓인데 무어 그리 불만이었는지
인생 황혼 녘 이제야 철이 드나 보다

다 내려놓고 가볍게 떠날 준비한다
가을 낙엽처럼

새봄 되어 피어날 새싹들을 위해
한 줌 거름으로 억겁의 시공 속으로

아버지의 해학

얼마 전 TV 드라마 대화에서
'날 똥 친 막대기로 아나?'
참 오랜만에 듣는 말인데
왠지 낯설지 않다

'도적놈의 기침'
'건너 다 보면 절터'
'똥 싼 주제에 매화 타령'
아버지께서 잘 쓰시던 말씀에
해학이 담겼고
아버지의 유머와 재치에
어색한 분위기는
금세 웃음꽃을 피우곤 했다

오늘 TV 드라마 속 대화
꼭 돌아가신 아버지가
하시는 말씀 같아 너무 반가웠다
이렇게 마음이 허기질 때
아버지의 뜻깊은 해학이 그립다

반찬 가게

집 오가는 길목의 반찬 가게
진열장 안 화려한 수많은 반찬

구운 생선 멸치볶음
갖가지 김치 다양한 밑반찬들
다 눈에 익은 익숙한 반찬들

그 옛날
어머니와 아내의 손맛 담긴 음식들이
진열장에서 날 유혹한다

반찬 가게 앞에만 오면
공연히 서성이는 마음
진열장 속 화려한 반찬 때문이 아니다

어머니와 아내의 따뜻한 정이 그리운 게다
온 가족 둘러앉아 오순도순 식사하던
그때가 그리운 게다

아버지의 바다

한적한 바닷가의 비릿한 갯내음
좁은 황톳길 따라 춤추는 갈대숲
물 빠진 갯바닥엔 달랑게들
제 굴속 흙 퍼 나르기 바쁜 광경
얕은 물구덩이 작은 물고기들
발걸음 소리에 놀라
재빠르게 수초 속으로 달아나는 모습

이 모든 것이 신기했던 어린 시절의 기억
벌겋게 취한 아버지의 얼굴과 함께
오랫동안 각인되었건만
어언 육십여 년이 훌쩍 지나가
아버지보다 더 늙은 얼굴로 다시 찾은 다대포
예전의 갈대숲 사라지고 휑하니 뚫린 도로
낯선 콘크리트 건물들이 나를 허탈케 한다

어쩌나!
아버지의 바다가 저 멀리 달아나 버렸다

김밥

휴일 오전 오신단 말씀도 없이
딸이 어찌 사는지 궁금해
집 근처 산에 갔다 오신다며
방문하신 장인어른
그때 우린
명장동에서 단칸방 세 살이
난 휴가 중이었다

시집와서 처음 들른 친정아버지
반갑고 초라한 살림
부끄러웠을 아내가 급히 차려낸 김밥
맛있게 드시고 가신 후
얼마 후 돌아가실 때까지
다시 오시진 않으셨다

원래 말씀이 없으신 분이라
속마음은 알 수 없으나
궁색한 딸 살림 마음 아프셨을 거다

나도 여태껏 서울 딸 집에
딸은 출가외인이란 고루한 생각에
한 번 밖에 안 갔으니
무심함을 나중 후회 말자는 마음에
휴대 전화를 들었으나
주저주저하는 내 모습을 본다

괜히 딸에게 부담이 될까 봐
내려놓는 전화
나중에 후회하면 어쩌지
후회할 것 같아 마음만 복잡하다

새벽밥

평소 늦잠 꾸러기인데 어제 일찍 잠을 잔 탓일까 이른 시간에 눈을 떠 티브이를 켜고 자리에 누워 한껏 게으름을 피운다 시계는 새벽 네 시 창밖은 아직 짙은 어둠에 가로등만 졸고 있다 이따금 지나는 자동차 소리가 새로운 날을 깨운다

오늘 이른 약속에 서둘러 일어나 밥을 한다 손끝에 닿는 물이 차갑지만 쌀 두 컵 흑미 보리쌀 콩 조금 이젠 익숙한 주방 일이다 솔솔 김이 나는 밥 한 공기 김치 콩나물국 계란 후라이 하나 아침 밥상이 뚝딱 차려진다

홀로 이른 새벽밥을 먹으며 졸린 눈 비비며 어릴 적 형제자매 하하 호호 함께 먹던 어머니께서 차려주신 밥상을 떠올려 본다

뒷모습의 비애

살다가 보면 표정보다 뒷모습에서
진한 감정을 느낄 때가 있는데
어깨에 당당한 힘이 있던 젊은 시절엔
뒷모습도 웃고 있었다

점차 나이 들어 삶이 고단해지면
허름한 술집에서 쓴 잔 드는 사내들
무언지 모를 노래 흥얼흥얼
휘청거리며 걷는 사내의 뒷모습은
후미진 골목길처럼 초라하다

오래전 모처럼 아들 집에 오셨다가
제대로 대접 못 받고 돌아가시던 아버지
힘없이 축 처진 어깨가 아직도 눈에 선해
평생에 씻지 못할 한이 되었다

휴가

한 달 앞으로 다가온 멀게만 느껴졌던 휴가
그동안 틈틈이 준비한 가족 선물
하루에도 몇 번씩 가방을 열어 본다

무거운 가방 메고 본선 갱왜이* 오를 땐
하루하루 달력에 빨간 동그라미 그리며
망망대해에서 까마득한 휴가를 기다렸다

이번 휴가 땐 아내와 잘 지내야지
가족 여행도 하고 맛집에서 외식도 하겠다는
제대로 실천한 적 없는 다짐으로

좀 더 잘해 줄 걸 하는 후회만 남기지만
그래도 애타게 기다려지는 휴가
그리운 가족을 만나고 흙냄새 실컷 맡아야지

물론 친구들과 술도 한잔해야지
세월아 구보를 해라
태평양 거센 파도가 뱃전에 하얗게 부서진다

* 갱왜이: 배에 오르기 위한 통로

아버지의 통곡

어느 해 여름이었던가
버스에서 내려 한참 동안 산길을 걸어
도착한 묘비도 없고 초라한 무덤
한동안 돌보지 않았는지
잡초만 무성한 무덤 앞에서
대성통곡하시는 아버지
여태껏 본 적 없는 모습에
왜 그리 슬피 우셨는지 묻지도 못했다

이젠 아버지도 돌아가신 지 오랜 세월
나와는 어떤 관계인지 알 길 없지만
가끔 생각나는 그해 여름
초라한 무덤과 아버지의 대성통곡
어쩌다가 산행길에서
다 무너져 내리는 무덤을 보면
거기 묻힌 사람의 일생이 궁금해진다

나 또한 얼마 후면 저리될 터인데
인생 봄날의 꿈으로

아내의 삼겹살 구이

집에 들어서니 고기 굽는 냄새
돌판에 노릇노릇 구워낸 돼지 삼겹살

웬일 누구 생일
아니 당신 삼겹살 좋아해서
하루의 피로가 싹 가셔
슬쩍 아내 손을 잡아 본다

이런 날
일 년에 몇 번 있을까
입에서 살살 녹는 삼겹살 보다
아내의 마음 더 고맙다

늘 무심하고
따뜻한 말 한마디 못 해줬는데
명품은 고사하고
둘이 외식 한지 까마득하다

늘 미안하고
잘 해주리라 다짐하지만
돌아서면 어느새 건망증이 도진다

그래도 오늘만큼은 꼭
아내에게 내 마음 전하고 싶어
마음속에 선물을 그려 본다

설렘

묵은 먼지를 털어낸다
집 안 구석구석 평소
손 잘 안 가던 곳곳 쓸고 닦고

두어 시간 땀 흘려 청소
얼마만 인가 내 집에 손님 오는 게
조카 내외가 온단다

정성스레 목욕도 했다
새 옷 입고 거울을 본다
괜한 설렘에 연신 시계를 본다

시계가 제자리걸음을 한다

멍에

늘 마음에 걸린다
딸 아이하고 가족 여행 한 번 못하고
시집 보낸 게
결혼 때 혼수 제대로 못 해준 것이
늘 마음에 가시가 되어 마음을 찌른다

아비라는 게 가족에게 마음 주지 못하는
취생몽사醉生夢死 이방인으로 지냈다
아무도 눈길 주지 않는 집 안의 냉랭함이
나를 한없이 초라하게 만들었다

모두 떠나고 혼자 되었다
세월 속에 모든 게 사라진다 해도
가족에게 미안한 마음
평생 벗을 수 없는 멍에 되었다

누이

초등학교 일학년 교실
시험시간 사학년 누이
언제 왔는지 작은 소리로
3번 답 1번 아니고 2번이야

너무 작은 소리라
답답해서 나도 모르게
큰소리로 "몇 번이라고" 소리쳤다
그 순간 후다닥 도망간 누이

그 후론 우리 교실에
다시 오진 않았다
그 전엔 꼭 교실에 들러
함께 집에 오곤 했는데

누이의 안타까움과
나의 돌발 행동 때문에
일어난 어이없는 일
마치 엊그제 같은데

칠십여 년 세월 흘러
팔십 바라보는 나이
지금도 뚜렷한 기억
누이도 그때 일을 잊지 않고 있을까

고두밥

한여름 뙤약볕 아래
고기잡이에 열심인 다섯 살 꼬마
해가 중천이니 슬슬 배가 고파
작은고모 집 멍석 위 깔린
하얀 고두밥 생각나
뒤뚱뒤뚱 징검다리를 건넌다

너 왔구나
한 주먹 쥐여 주는 새하얀 고두밥
장난기 발동한 고모
막걸리 한 사발에 비틀거리는 꼬마
깔깔대는 작은 고모
징검다리 헛디뎌 물에 빠진 생쥐 꼴
엄마께 혼난 건 당연한 일

요즘도 막걸리만 보면
멍석 위 하얀 고두밥
막걸리 한 잔에 취해 물에 빠졌던
다섯 살 꼬마가 생각난다

제3부

생의 한 페이지

동병상련同病相憐

병원 환자 대기실
"어르신 약 드시는 것
다 말씀해 보세요"

노인이 하는 말
"아니 열 가지도 넘는 약을
어찌 다 기억해"
황당해하는 간호사

주위의 노인들
빙그레
"늙으면 다 그렇지"
모두 같은 처지의 심정
고개를 끄떡인다

시장 가는 날

대파 한 단 감자 양파 당근
고등어 두 마리
약국에 들러 비타민 한 통
이제 장을 다 본 걸 까

아직도 익숙해지지 않는 장 보기
이 양파 얼마예요
자꾸만 입속에만 맴돌고
"혼자 사세요"
말 한마디가 아프게 와닿는다

오늘도 낯설기만 한 장보기
양손의 짐만큼이나 버거운 일상
오후의 골목길
긴 그림자만 내 뒤를 쫓는다

잡초면 어때서

창고 옆 한 뼘 좁은 땅을
벼르고 벼르다가 날 잡아 일궜다

채송화 봉선화 나팔꽃 꽈리꽃 등
옥상 스티로폼 상자에 심은
상추 방울토마토
아침저녁으로 정성을 쏟았다

옥상으로 올라가는 계단 구석에
잡초를 뽑아 버릴까 생각하다
눈에 밟혀 물도 주고 관심을 주니
노란 꽃송이 초롱초롱 달렸다

모든 식물이 인간의 관심 받기까진
다 잡초였다면서

초평에서의 추억

십 오육 년 전 충북 진천 초평
여름에 시작해 겨울을 넘긴 다음 해 여름까지
수개월 쓰레기 소각장 출장 건축일은
산속에 터를 닦고 짓는 더디고 고된 일이었다

기막힌 풍경에 밤이면 반딧불이의 황홀한 군무
나의 하모니카 연주에 맞춘
저수지 개구리들의 합창은 작은 위안이었다

겨울이면 산속은 영하 이십 도를 오르내렸고
쉴 새 없이 내리는 함박눈에 핀 눈꽃
새하얀 겨울왕국을 난 강아지처럼 좋아했다

언제고 기회가 오면 다시 찾고 싶은 그곳
일과 후엔 동료들과 한 잔 술로 풀던 피로
이제는 가물거리는 얼굴들을 떠올리며
숲속 솔의 향기에서 소주 한잔해야지

담배

영화 속 남자 주인공
고뇌하며 뿜어내는 하얀 담배 연기가
젊은 시절엔 정말 멋있어 보였다

나도 담배 피우면 저리 멋있을까 싶어
부모 몰래 거울 앞에서
연신 담배 연기를 내뿜었던 치기
잠시 끊었다가 군에 가서
화랑 담배로 다시 시작된 흡연
선원 생활할 땐
마도로스는 역시 파이프 담배지 라며
태평양 망망대해 부릿지에서
제멋에 겨워 연신 피워 댄 담배였다

나이 들어 몇 번의 금연 실패 끝에
담배 끊은 지 이십 년
이젠 건강이 우선이지만
가끔 내 젊은 날의 멋스러움이 그립다

가을의 끝자락에서

계절이 지나가는 마지막 길목에서 늦가을의 스산한 거리를 윙윙거리며 내달리는 바람 소리를 들으며 아파트 창으로 스며드는 한 줌 따스한 햇볕을 온몸으로 안으며 커피 향보다 진한 가을 내음을 맡는다. 이제는 잡을 수 없는 지난날들이 주마등처럼 스쳐 지나가고 아릿한 그리움이 가슴을 파고드니 수 없이 지나간 많은 날이 가을 나뭇잎처럼 떨어져 켜켜이 쌓이고 아련한 그리움은 슬픔이 되고 슬픔은 아픔이 되어 쇠꼬챙이처럼 내 가슴을 찌른다.

지나간 날들의 파편들을 주워 모으며 낙엽 쌓인 산길을 거닐자니 숲속 뛰놀던 다람쥐 아름답게 노래하던 산새들 보이질 않고 텅 빈 산기슭엔 앙상한 나뭇가지들만 윙윙거리는 찬 바람에 떨고 섰다. 뒤돌아보면 지나간 날들이 무슨 훈장도 아니고 가슴 아픈 상처도 아니건만 이 가을의 끝자락에서 두 눈에 뜨거운 눈물이 고임은 어쩐 일인가 추억 속의 많은 이들은 어느새 서둘러 먼 나라로 떠나갔다.

겨울 동화

한 달여 전
구석 책상 모서리에 거미줄 친 거미
파리 한 마리 없는 방
무슨 사냥할 건가 싶어 밖에 놓아 주었는데
그때 그 거미인 줄 알 수 없으나
겨울 오기 전 큰맘 먹은 대청소로
구석구석 쓸고 닦다가 발견한 거미줄이
너도 나같이 평생 고달프구나 싶어
맘 찡하다

밖에 놓아 주려도 해도 곧 겨울 올 테니
한 방에 불편한 동거하기로
고민 끝에 결정했지만
거미의 주린 배 해결은 어쩐담
오지랖으로 시작된
올겨울 거미 각시와 신혼살림
가슴 콩닥콩닥 겨울 동화가 기대된다

생선 장사 부부

오시게 시장 도로변 생선 가게
빌딩의 숲에 가려
온종일 볕도 들지 않는 골목 그늘에서
찬바람을 오롯이 맞고 있는 모습
오가는 행인 바라보는
노부부의 눈빛이 간절하다

얼어붙은 얼굴에서 겨우 나오는 말
'맛있는 생선 사세요'
지나가다 너무 마음 아파
가던 길 되돌아가서
'고등어 만 원어치 주세요'
순간 노부부 얼굴이 환하게 피어난다

덕분에 며칠 동안
고등어구이 실컷 먹겠네
고소한 생선 맛보다
노부부의 얼굴이 두 눈에 어른거린다

안녕 '겨울'아

집 오가는 골목길
늘 굳게 닫혀 있는 유리창 너머
초점 잃은 눈의 백구 한 마리

얼마나 외로울까 하는 마음에
하얀 '겨울'이라 혼자 이름 붙여주고
오가며 손 흔들어주곤 했다
유리문 사이 두고 눈 맞춤한 지
벌써 햇수로 육 년
이제는 반기며 꼬리를 흔든다

오늘 지나며 보니 이삿짐만 가득해
순간 뭉클한 가슴
쳐다만 보고 간식 한 번 못 줬는데
쓰다듬어주지도 한 번 못했는데
이별이라니

네 모습 눈에 선해
어찌 이 골목길 걸을까

콩깍지

육 년 전 거리에서 우연히 본
색동 한복 곱게 차려입고
배시시 웃고 있는 천사 같은 모습
첫눈에 반해 버렸다

매일 출퇴근 시간이 기다려지는
그녀의 황홀한 미소
하루를 시작하는 힘이었고
하루의 피로를 씻는 행복이었다

세월 흘러 어느 때부터인가
내 기억에서 조금씩 잊혀 가는 그녀
가끔 생각날 때 찾아가면
반기며 웃어주는 한복집 포스터 여인

생글생글 여전히 예쁜 미소
예쁜 꽃도 오래 보면 시들해진다더니
콩깍지가 벗겨진 걸까

돌아온 아이들

평일과 다름없는 오후
갑자기 들려 오는 왁자지껄 창밖 아이들 소리
무슨 일이지 학교 앞으로 달려갔다
와! 운동장에서 뛰어노는 아이들

텅 비어 있는 학교가 늘 쓸쓸했다
일 년여의 공사 끝에
새로 단장하고 아이들을 맞은 것이다

이제야 주인이 돌아왔다
노인뿐인 마을이 늘 삭막했는데
동네 주민들의 얼굴에도 웃음꽃이 피었다

이젠 마을에 생기가 돌겠지
오늘따라 공기도 햇볕도 더 빛난다

내일의 주인공
우리의 희망
봄날 새싹처럼 무럭무럭 자라렴

하숙생

이십 대 초 반년간 하숙을 했던 서울, 월계동
오십여 년 전이니 말이 서울이지 시골
집에서 나와 잠시 걸으면 철교 위로 기차가 지나고
하얀 모래톱이 고운 맑은 시냇물이 졸졸
들판엔 각종 채소가 자라는 전형적인 농촌 마을이었다

농촌 아낙의 후덕한 인심에 음식 솜씨도 좋아
참기름 냄새 고소한 각종 나물, 호박 찌개 생선구이
하숙집 밥은 내 입맛에 딱 맞았지만
틈만 나면 큰딸은 제멋대로 연애 결혼했다며
신세 한탄 끝에 끼워 넣는 여고생 둘째 딸 자랑이었다

둘째 딸은 꼭 자기 마음에 드는 남자라야 된다며
은근히 사귀어보라는 눈치가 고역이었는데
정작 그 여고생과 몇 마디 말도 나누지 못하고
세월 유랑했으니 하숙집 딸과의 인연은 거기까지,
가끔 하숙집 음식과 둘째 딸이 생각나곤 한다

백문조鳥 입양기入養記

오래전부터 새를 키우고 싶었다. 실은 개나 고양이를 키우고 싶었지만 고양이 개 집사 노릇 자신 없었다. 수족관에 열대어를 수년간 키우고 있으나 텅 빈 것 같은 집 안 분위기 늘 아쉬운 마음이었다.
마침 집에 헌 새장이 두 개나 있어 새를 키우자 마음 정하고 인터넷 뒤져 마침 집 가까운 충열사 앞 조류원에서 백문조 한 쌍을 입양했다. 예전 내가 배를 타고 있을 때 아이들과 아내가 새를 키웠으나 잘 돌보질 못해 실패한 경험이 있느니 더욱 신경을 써 돌봐야 한다는 강박감이 생긴다.
현관에 새장을 놓고 며칠간 혹시 무슨 탈이나 날까 노는 모습, 우는 모습 보고 싶어 방문을 열어 놓고 노심초사 지냈지만 벌써 새를 키운 지 석 달 되었고 이젠 새와 많이 친숙해져 내가 새장 근처엘 가도 놀라지 않는다. 요즘 털갈이하느라 깃털이 엄청 빠진다. 빠진 털을 비닐봉지에 모아 나중 둥지에 깔아 줄 생각이다. 알을 낳으면 포근한 요가 되어줄 그 날이 언제쯤 올까 벌써 가슴이 두근거린다.

포장마차 부부

인천항 신포동 밤거리
한겨울 추위가 몸과 맘을 꽁꽁 얼린
추위를 피해 들어간 포장마차
아마 부부인 듯 젊은 남녀가 반긴다

어묵 소주 한 잔에 추위를 녹이는데
손님 한 분이 없는 맥주를 주문해
급히 근처 가게에서 사 온 맥주
미안했던지 손님이 맥주를 권한다

한사코 사양하는 주인 남자
이를 보고 있던 주인 여자 안타까운 듯
'어서 마셔요 손님이 권하는데…'
애정이 어린 눈빛이다

모처럼의 좋은 술
어서 마시라는 그 따뜻한 눈빛
사십여 년 지난 지금에도 잊지 못한다

이발소

여섯 살쯤이었을 설 명절 무렵
어른들 틈에 끼여 기다린 내 차례
기다림이 지루해 죽겠는데
어른들 새치기에 부아가 치밀어
몇 번이고 어른께 항의하고 싶었지만
무섭고 어려운 어른에게
어린 내가 대거리한다는 게 쉽지 않았다

이발소 온 지 벌써 두어 시간
내 인내심에도 한계가 와
또 내 순서를 무시하고
이발 의자에 앉으려는 어른에게
으앙 하고 터트린 울음
겨우 머리를 깎고 나왔지만
지금 생각해도 허허 헛웃음이 나온다

이젠 그 어른들 다 세상에 안 계시지만
명절 때면 떠오르는 이발소의 추억이다

담배 한 대의 배려

작열하는 열대의 태양 아래
불덩이처럼 달아오른 갑판
깡깡이 작업에 몸도 마음도 지쳐 갈 무렵

담배 한 대 피우자
갑판장님 구세주 같은 말씀
냉커피 한 잔 담배 한 대
아직도 땀이 흐르는데
더 쉬고 싶은데 금방 타 버린 담배

한 대 더 피우자
우리를 좀 더 쉬게 하시려는
배려심 좋으신 갑판장님 만나
계약 기간 일 년을 마치고 무사히 귀국했다

그 후 통선장에서 한 번 만나곤 뵌 적이 없다
이젠 연로하셔서 돌아가셨겠지만
배에서 내린 지 삼십여 년이 지났지만
가끔 생각나는 유 갑판장님

나의 젊은 시절
오대양 육대주 누빌 때
만났던 많은 동료
이젠 그들도 나만큼 늙었을 터인데

어디 길에서 불쑥 만나서
옛날얘기 하면서 술 한잔 나눴으면 하는 바람뿐
야속한 세월만 덧없이 흐른다

이등병

난생처음 집 떠나 훈련소로 향하는 길
약해 보이기만 한 아들 걱정에 엄마는 청주까지
아버지는 훈련소 앞까지 배웅했었다

몇십 년 만의 추위와 고된 훈련
처음엔 절반도 못 먹던 훈련소 밥이 모자라
배식 시간이면 더 달라 아우성이었다

사격 총검술 화생방 제식 훈련으로
우린 점차 군인으로 변모해가니 어느덧 퇴소식
이등병 계급장 달고 저마다의 자대로 배치되었다

거꾸로 매달려 있어도 국방부 시계는 간다는
훈련소에서 입버릇처럼 하던 말
멀게만 느껴지던 제대도 다 옛말이 되었다

고된 훈련소 생활 끝에 달았던 이등병 계급장
돌이켜보면
나에겐 세상 어떤 보물보다 귀하다

제4부

마음의 낙서

인연의 참다움

뜻밖의 기쁜 만남 혹은 너무 슬픈 이별
참 긴 세월 동안
나를 스쳐 지나간 수많은 인연
운명의 갈림길에서
만남과 이별 선택의 연속이다

젊은 시절 많던 사람들과의 관계
점점 나이 들어
활동력과 경제력이 떨어지면 멀어져
침잠의 시간 늘어난다

너는 누구며 너는 무엇으로 살아왔는지
또 어찌 살아갈 것인지
내 속에 나를 묻는 사색의 시간
세상 인연의 집착에서 벗어나고 싶다

깃털보다 가볍게 훨훨 날아
영원의 인연과 마주할
또 다른 세계를 맞이할 것이다

간이역

이 가을, 홀로 어디론가 떠나고 싶다
낯선 어느 시골 간이역으로

낯선 풍경과 선한 눈매의 아가씨와
가슴 쿵쿵 뛰게 하는
얘기들도 숨어 있으리라

황금 들판에 일렁이는 못다 한 사랑
내 풋풋했던 젊음이
코스모스 하늘거리는 들길을 따라
아련한 추억 속으로 빠져드는

오늘도 배낭을 메고 떠나는 꿈을 꾼다
어느 시골의 간이역에서 만날
아름다운 인연을 위해

비 오는 날의 기대

잿빛 하늘에서
온종일 찔끔거리는 비
한바탕 소나기라도
우당탕 내렸으면 좋을
마음조차 우울해지는 오후

우체부가 왔다

누구에게서 온 건지 궁금해
갑자기 두근거리는 마음
에게-!
받아보니 공과금 고지서
실망스러운지 비가 세차게 내린다

잠시 어두웠던 마음
소낙비가 시원스레 노래 부른다

신문지 밥상

이십여 년 전
아파트 공사로 천안에서 수개월 머물 때
객지에서 만나 막 신접살림을 차린 동료
가끔 그의 식사에 초대받았다

밥상이 없어 신문지 깔고 차려 낸 음식
전라도 아낙의 야무진 솜씨라
음식은 달고 맛있었고
알콩달콩 사는 모습을 보는 재미가 있었다

꼭 어린애들 소꿉장난 같았던
그들 신접살이
신문지에 차려진 음식이 지금도 눈에 선하다

지금은 어디서 어찌 사는지 알 수 없지만
문득문득 떠 오르는 그때 신문지 밥상
그 밥이 먹고 싶다

도시 열차

젊은이는 찾을 수 없는 첫 열차엔 배낭을 멘 늙은이들만 우글거린다

불룩한 배낭에 허름한 옷차림 너덜너덜 낡은 구두 눈이 안 보이게 눌러 쓴 모자, 단숨에 읽히는 그들의 일상이 듬성듬성 빈 자리에 앉아 눈을 반쯤 감은 채
어제의 고단함을 고스란히 얼굴에 담고 또 힘겨운 하루를 시작하는 슬픈 표정이다

저들의 얼굴에선 내일의 희망이란 찾아볼 수 없고 일상의 역겨움과 조금도 나아지지 않는 현실에 이젠 저항 마저 포기한 그저 고된 삶의 포로일 뿐

열차 안은 무거운 침묵과 냉소만이 흐른다
그들에겐 아직 식지 않은 늙은 아내가 싸준 배낭 속의 도시락이 유일한 위안이다

새벽 열차는 그런 군상들을 역사마다 한 모금씩 토해 놓고 있었다

단풍잎 엽서

낙엽이 뒹구는 늦가을 공원 벤치
먹구름이 곧 비를 뿌릴 듯
우울해지는 오후
무심코 책을 펴다가 발견한
해 묵은 책갈피 속 단풍잎 엽서

수십 년 세월 넘어 갑자기 다가온
유난이 가을을 타던 그녀
큰 눈망울에 항상 고여 있던 눈물
이젠 딴 세상에 별이 된 그녀

아직도 내 가슴엔
코스모스 소녀로 한들한들
빨간 단풍잎에 내 마음 담아
가을바람에 날려 보낸다

후회

지하철 안 누군가 아빠 돈 하며 손을 내민다
깜짝 놀라 쳐다보니 남루한 옷차림의 젊은 여인
뭇 시선이 집중되니 순간 당황하였다

주머니에서 얼른 꺼내 준 동전 한 닢
그 후 두고두고 후회했다
만 원 한 장은 주었어야 하는데

낯선 남자에게 아빠라고 도움을 청했는데
겨우 동전 한 닢이라니
그때를 떠 올리면 얼굴이 화끈거린다

얼마 전 오시게 시장
젊은 청년이 며칠 굶었다며 도움을 청했다
이때도 당황해 피해 버렸다

이젠 마음도 돈도
주머니에 따로 준비했다
후회하지 않으려고

가을 연가

한결 기가 한풀 꺾인 더위
유난히 더웠던 올여름이지만
이젠 가을이 오나 보다

아침저녁으론 제법 서늘한 바람
무심코 올려 다 본 창공엔
고추잠자리 떼의 군무가 한창이고
풀숲에서는 또르르 낄낄
가을을 노래하는 풀벌레의 합창이다

가을엔 누구나 추억을 떠도는 나그네
그리움으로 밀려오는
잊었던 그 사람 그 시절
코스모스 동화 속으로 길을 떠난다

올 사람도
기다리는 사람도 없는데
파아란 빈 하늘엔 그리움만 맴돈다

망각

돌개바람
하늘 높이 치솟는 황량한 산마루

팔랑팔랑
하얀 나비 날아간 초라한 무덤엔
할미꽃 한 송이

잡초 무성한 이름 모를 무덤엔
망각의 세월
이제는 알 수 없는 머언

사내들의 얘기가 태양에 빛바래고
달빛에 물들어 잊혀 간다

폭풍의 언덕

집 뒷담을 끼고 돌아 잠시 걸으면 야트막한 언덕
새벽 출근 때면 누렁이 흰둥이가 늘 따라나섰다

아직은 어둠이 가시지 않아 샛별 먼 산에 졸고
재잘재잘 산새 소리 어둠을 깨운다

누렁이 흰둥이 겨우 돌려보내고
혼자서 걷는 이 언덕에
나의 하루가 열리고 힘겹게 삶이 기지개를 켠다

퇴근길 하루의 고단함을 배낭에 담아
어둠 내리는 언덕을 힘겹게 오른다

어느새 달려와 꼬리 흔드는 내 귀염둥이들
앞서거니 뒤서거니
어둠이 밀려오는 폭풍의 언덕에서

짝사랑

온종일
네 생각뿐이야

내 모든 게
네게로만 달려가

내 눈엔
너만 보여

내 귀엔
네 말만 들려

나
어쩌면 좋아

추억을 연주하는 피아노

고등학교 등굣길
붉은 장미 곱게 핀
골목 높은 붉은 벽돌 담장
너머로 늘 들려 오는
경쾌한 피아노 소리

저 피아노를 치는 사람은
틀림없이 백설 공주를 닮은
예쁜 소녀일 거라 상상했다

학교를 졸업하고도
마음속 그 골목길
피아노 소리 잊지 못해
나도 피아노를 연주하고 싶었다

나이 육십이 넘어 피아노가 생겼다
정말 열심히 연습했다
드디어 고향의 봄을
서툰 연주지만 완주 땐
미친 듯 환호성을 질렀다

평생 바라던 피아노 연주
마침내 꿈을 이룬 것이다
아직도 가슴에 남은 작은 바램 하나
한 번만이라도 만나고 싶다
그 골목길 가슴 속 피아노 소녀

방학 숙제

아이들 초등생 시절
방학 숙제가 곤충채집이라며
산에 가자며 조른다
마침 할 일 없어 심심하던 차
창원 도청 뒤 저수지를 찾았다

주말이면 자주 와서
낚시질로 망중한을 보낸 곳
매미 소리 시원한 숲
작지만 폭포와 저수지가 있어
여름 한 철 피서지로 제격이다

한나절 애들과 잠자리 떼 쫓고
팔랑팔랑 나비 찾아 숲을 뒤져
땀 흘리며 뛰고 넘어지며
여름방학 숙제 끝

삼십여 년 흐른 세월
저수지와 숲은 창원역으로

애들은 다 자라 제 갈 길 갔다
세월만큼 늙어 버린 나

여름이면 이따금
그 시절 아비가 되어
아이들과 곤충채집을 한다

눈사람

십 오륙 년 전 천안
펑펑 첫눈 내리던 날
동글동글 눈 굴려
눈도 삐뚤 코도 삐뚤
모자까지 씌웠다

작고 못생긴 눈사람
날 닮았다고 깔깔대던 그녀

녹으면 안 된다고
냉장고에 넣으며 농담처럼 하던 말
매년 첫눈 내리면 만나자던 약속
이젠 아련한 추억
가슴 속에 꽁꽁 숨어있다

지금도 기억하고 있을까
그때 그 말을

꿈길에서

가끔 꿈속에 잠시 나타나
마음 설레 놓곤
신기루처럼 사라지는 그대여

오늘 밤에도
행여 오시려나 두근거리는 가슴
눈을 감는다

해 뜨면
이슬처럼 스러지는 그대여
가슴을 스치는 스산한 가을바람

가을 낙엽처럼 바스락거리며
부서지는 가슴
오늘 밤에도 꿈길을 방황한다

외사랑의 찬가

난 짝사랑이 좋아요
나 혼자서만 좋아하니
몰라 준다고 해도 서운해할 일도
이별을 걱정할 일도 없으니까요

만약에 고백했다가
싫다고 하면 어떡해요
그냥 혼자만 좋아할래요
언젠가 용기가 날 그때까지만요

그렇지만 짝사랑은 슬퍼요
그녀의 미소
따뜻한 말 한마디가 그리워요
용기가 날 때까지는
그래도 어쩔 수 없는걸요

제5부

그러다가 만 자화상

시詩와 나

세상에 가장 복된 일은
시를 쓰는 일이다
시를 쓴다는 건 대단한 일이다

시를 쓴다는 건
세상을 알아 가는 일이다
세상을 사랑하는 일이다

시를 쓴다는 건
자연을 닮아 가는 일이다
자연을 가슴에 담는 일이다

시를 쓴다는 건
나를 다 보여 주는 일이다
사랑도 미움도 다 녹여 버리는 일이다

내가 시인이 되었다는 건
실로 어마어마한 일
내가 자연과 우주가 되었다는 것이다

어느 하루

어젯밤 늦잠 들고
꿈자리가 뒤숭숭해 잠을 설쳤다

커튼 사이로 실낱같은 햇살
와자지껄 창밖은 한낮인가 보다

누구의 눈에도 마음에도
그림자조차 없는
그저 어둠 같은 존재

주체할 수 없는 외로움에
투명 인간의 하루가 시들어간다

손끝 하나 움직이기 싫은
그저 무기력한 하루가 고독사한다

졸업

처음 교정에 들어섰을 때 가슴 설레던 새내기
어느새 세월 흘러 졸업이라니
졸업의 기쁨보다 이별의 슬픔에 가슴 저립니다

처음엔 강의실도 제대로 못 찾고
중간고사 기말고사에 맘 졸이며
현장 실습 땐 실습보다 술 파티에 더 신나 했었고
가슴 뛰던 졸업 여행도 이젠
다시 돌아갈 수 없는 옛 얘기입니다

정들자 이별이라더니
이제는 서로 쉽게 만나지 못하는 서운함
그래도 저마다 가슴 속엔 잊지 못할 추억 쌓여
우린 서로에게 소중한 사람이 되었습니다

가끔 만나 얼굴 보고 안부 묻고 술잔 나누며
옛정 잊지 말고 부디 우리 k반 교우님들 건강하세요
인연은 하늘이 맺어 주고
관계의 지속은 인간의 노력이라네요

인간 시장

실직한 지 오래 무일푼 주머니
비상사태의 대책
새벽 인력 시장을 찾았다

아직은 어둠이 짙은 새벽
한겨울 칼바람을 맞으며
옹기종기 모여 있는 사람들
차 한 대가 다가오자
사생결단 차로 달려들어
문에 매달리는 사람들
처절한 삶의 현장에
난 명함도 못 내고 돌아섰다

단 하루 경험한 인력 시장
살아남기 위한 처절함
그 아비규환의 전쟁터에서
난 철저한 패배자였다

새 달력

또 한 해가 저무니
한 장 남은 달력 위에 거는 새 달력
그때마다 늘 설레는 건
새 달력엔 아직 펼쳐지지 않은 날들이
빼곡히 차 있기 때문일 것이다

아직 열지 않은 판도라 상자 속을
떨리는 마음으로 미리 기웃기웃
사대 국경일, 설 추석 명절
아버지 어머니 기일, 식구들 생일 등등
때론 잊고 어떤 땐 알고도 모르는 체
지나쳐 버리기도 했다

매일 똑같이 반복되는 날인데
그리 호들갑인가 하는 생각 때문이었지만
주위 사람들이 하나둘 떠나는 걸 보니
우리에게 주어진 하루하루가 축복인 것을
날마다 축배를 들어야 한다는 걸
이 나이가 되어서야 깨닫는다

집으로 가는 길

오늘도 어김없이 술에 쩔어
휘청거리며 걷는 밤길엔
긴 그림자
유령처럼 나를 쫓는다

이곳에 이사 온 지
벌써 육 년이 지났는데도
늘 낯설기만 한 나의 귀갓길

집에 가까워질수록
마음은 자꾸만 뒷걸음
불 꺼진 창이 싫어
점점 느려지는 발걸음이다

오디션

젊은 날 남몰래 꿈꿨다
영화 포스터에서 본 멋진 배우의 모습 따라
거울 앞에서 연기 연습
용기가 없어 남에게 표현 한 번 못 하고
가슴에 품은 채 내 젊음은 갔다

어느 날 지하철 포스터에서 본
배우 지망생 모집
이 나이에 될까 싶지만 짜낸 용기
수많은 지망생 사이
이번엔 절대 포기 못 한다는 각오에도
대본 들고 떨리는 손
얼어붙은 입 굳어버린 얼굴
배우의 길 멀고도 험하다

몇 번의 오디션 낙방 끝에
영광의 오디션 합격
꿈을 이루었으나 당장 배역은 없어
조명 보조로 키우는 명배우의 꿈
날마다 부풀었다

자린고비 작전

나이 드니
일자리가 없어졌다
당연한 얘기지만 수입이 줄었다
그래도 다행인 것은
부양가족이 없다는 것이다

이제 내 한 몸만 책임지면 되니
내 인생 참 쉬워졌다
일에서 해방되니 하루를 온전히 쓸 수 있어
학우들과 어울려 번개팅 소주 파티
늦게 시작한 공부에 재미가 쏠쏠하다

하지만 주머니가 가벼워져
가급적 외출을 줄이고
꼭 필요한 물건 외엔 구매금지
다른 건 다 줄일 수 있는데
의료비가 늘어났다

나이 드니
몸 여기저기 고장 나
병원 순회공연
늘어나는 약봉지
이게 자린고비 한계다

하지만 조금은 궁색하고 외로워도
이 자유로움 어디에 비할까

도시락

첫 출근에 행여 늦잠 잘까
지난밤 잠 설쳤다

점심은 어쩌지
사 먹으려니 한 푼이 아쉽고

반찬은 풍성하게
집에서 도시락을 싼다

설레는 마음
배 위에서 먹는 밥맛은 어떨까

갈매기 벗 삼아 둥실둥실
하얀 파도 위 꿀맛이겠지

지하철 도우미

노포역
모자를 눌러 쓰고 마스크로 중무장
마스크를 씁시다
팻말을 목에 건 영락없는 샌드위치 맨
오가는 시선 날 스쳐 지난다
처음엔 어색하고 불편했다

세월이 흐른 지금 어색했던 마음 대신
감사하다며 인사하는 사람들 보며
작은 사명감과 보람을 느꼈다
적지 않는 이 나이에
나와 누구를 위해 아직도
일할 수 있다는 게 감사한 마음이다

오늘도 노포 장날
수많은 인파 속
나는 또 바쁜 걸음을 한다

졸업 여행

설레는 마음으로 교정에 들어선 지
엊그제 같은데 어느새 졸업 여행이라니
두근두근 설친 밤잠이다

가을 단풍이 절경인 통도사 불국사에서
남는 건 사진뿐이라 웃고 떠들며
찍고 찍히는 먼 훗날 반추할 추억들

다시 못 올 지난 이년 세월
한잔 술로 아쉬움을 달래고
새벽엔 토함산 해맞이 산행이다

먼 후일
이 순간이 가슴 저리게 그리워질
만학도 우리 학우님들

부디 이 열정 잃지 말고
가끔 만나 얼굴 좀 보고
구구 팔팔 만수무강하소서

집들이

지난 일 년여 찾고 찾던 집
맘에 드는 집 너무 쉽게 구했다

널찍한 큰 방이 맘에 들어 내방
중간 방은 내 작업실
작은 방은 어머니 추모의 방
책장 옷장 정리 액자 걸고
쓸고 닦고 한 달여 이삿짐 정리를 했다

후- 한숨 돌리고 집들이를 계획한다
초청에 기꺼이 응해주신
고마운 직장 동료분들을 위해
싱싱한 회, 탕수육, 군만두 술과 음료
한 상 가득 정성으로 대접했다

이차로 노래방까지 즐거웠던
내 집들이
새 보금자리에서 새 희망을 꿈꾼다

건망증과의 전쟁

요즘 부쩍 심해지는 건망증
오래전 것은 오히려 기억이 생생한데
며칠 전 건 등댓불처럼 깜빡거리니
머릿속에 지우개
치매란 두려움은 남의 일이 아니다

휴대폰 빠트리고 와 다시
이번엔 열쇠를 놓고 와 다시
외출할 때마다 몇 번을 들락날락
버스 안에서 아차 싶은
가스 밸브를 안 잠근 것 같아
택시 타고 집으로 달려오길 다반사

노화 현상이라고 애써 부인해 보지만
아들마저 아빠는 경증인지장애라니
오메가3 견과류 들기름 등 푸른 생선
뇌에 좋다는 음식 알뜰히 챙겨
건망증과의 전쟁 절대 포기 못 한다

그림자

온종일 나만 졸졸 따라다니며
내 흉내를 낸다

몸을 크게 키워 허풍 떨기도 하고
줄이기도 곧잘 하는데
절대 소리를 안 내는 재주가 용하다

그늘이나 불이 꺼져 어둠이 내리면
잽싸게 숨는 겁쟁이다

피곤해 자리에 누우려면
염치도 없이 지가 먼저 눕는다

그리움과 외로움에 시린 마음일까
방 한구석에서
나를 노려보고 있는 너

너는 도대체 누구냐

생과의 사투死鬪

창녕 농장 한여름 뙤약볕 아래
마늘 선별 포장 작업
건조장에서 잘 건조된 마늘 더미
여자들이 선별해 놓은걸
남자는 마늘을 일정한 무게로 망에 담은 후
창고에 쌓는 단순 작업의 속도전
물도 한 잔 제대로 못 마실 틈 없는
무더위와 땀과의 사투
농장주가 매의 눈으로 독려한다

현기증에 구토증 귀에는 이명까지 들려
곧 쓰러질 것 같은 몸
억지로 하루 일을 끝내고
집에 와 쓰러져 사흘을 앓으면서
죽음 저편을 보았으니
군 시절 유격 훈련보다 더 지독한 경험
다시는 경험하고 싶지 않은 작업을
누군가는 하고 있겠지

슬픈 육체

난 늘 푸른 나문 줄 알았는데
나이 드니 몸 여기저기 고장 신호다
한평생 심하게 부려 먹기만 하고
돌보지 않았으니 원망도 못 한다

눈은 백내장에 안구 건조증
코는 만성 비염 목소린 늘 쉬어 있고
더 힘든 건 깜빡거리는 기억
무서운 건 사라져 가는 옛 기억들

지난봄 치매 검사를 할 땐
다른 사람보다 기억력 좋다고 했는데
어쩌겠는가 늙어가는 육체
약봉지만 늘어나는 현실을 수용해야지

밥 제때 먹고 열심히 걷고
맘 편히 모든 걸 받아들이다가
세상사 모두 잊고
순백의 영혼으로 세상 떠날 때까지

> 도움말
>
> ## 진솔한 삶의 표정에서 발췌한 서정抒情
>
> 문영길
> | 청옥문학편집장 |

들어가며

❖ 경험이 빚어낸 시의 스펙트럼

　시는 삶의 표면에서 건져 올린 장면만으로 완성되지 않는다. 그것은 때로 눈에 보이지 않는 심연에서 혹은 오랜 세월 스며든 기억과 감정의 침전물 속에서 발아한다. 시인의 시 속에는 그가 걸어온 계절과 그가 감당해온 시간 그리고 그 속에서 마주한 기쁨과 슬픔이 층층이 쌓여 경험을 통과해 나오는 고유한 빛을 품고 있으며 그 빛의 결정이 바로 시집인 것이다.

　시를 쓴다는 일은 자신의 마음 깊은 곳을 향해 천천히 발걸음을 옮기는 일과 같아서 마음은 언제나 설레고 두렵다. 좋은 시를 쓰고 싶은 욕망과 아직 미숙하다는 자각으로 한 문장을 쓰고 지우기를 반복하는 그 과정에서 비로소 시인은 문장의 무게를 배운다고 하겠다.

　김동진 시인의 시집 『그리다가 만 자화상』에 시들은 화려하거나 장식적인 말보다는 일상의 사소한 순간에 담긴 결핍과 외로움, 그리고 그 틈새에서 피어난 내면의 울림에 귀 기울인다. 때로는 어린 시절의 냄새가 스치듯 다가오고 때로는 홀로 견뎌낸 밤의 적막이 행간을 떠돈다.

  이런 울림은 단순한 감상이나 회고가 아니라 고독한 시간을 견딘 사람만이 쓸 수 있는 진실의 페이지인 것이다.

  시는 기억을 정리하는 도구이자 상처를 매만지는 손길이다. 독자를 위해 쓰지만, 사실은 자기 자신을 위로하기 위한 행위이기도 하다. 이 시집의 작품들은 그 위로의 과정을 숨김없이 드러내며 독자가 자신의 상처와도 화해하도록 이끈다. 시인은 자신의 이야기로 일상의 단면을 포착하면서도 그 안에 깊이 스민 고독과 소외감을 섬세하게 드러내는데 택한 화법은 거창한 수사보다 담백한 서술이다. 그러나 그 단순함이 오히려 더 진하고 오래 가는 울림을 주는데 이는 마치 무채색의 화면 속에서 오히려 작은 빛과 그림자가 선명하게 드러나는 것과 같다.

시집 『그리다가 만 자화상』에 본문을 살피며

❖ **불확실성 주는 무기력과 부조화의 침전**

    어젯밤 늦잠 들고
    꿈자리가 뒤숭숭해 잠을 설쳤다

커튼 사이로 실낱같은 햇살
왁자지껄 창밖은 한낮인가 보다

누구의 눈에도 마음에도
그림자조차 없는
그저 어둠 같은 존재

주체할 수 없는 외로움에
투명 인간의 하루가 시들어간다

손끝 하나 움직이기 싫은
그저 무기력한 하루가 고독사한다
- 「어느 하루」 전문

「어느 하루」는 꿈자리와 늦잠이라는 사소한 일상적 소재로 시작하여 그것이 단순한 피로가 아닌 존재의 무게와 무기력으로 이어간다. "누구의 눈에도 마음에도 / 그림자조차 없는 / 그저 어둠 같은 존재"라는 구절에서 화자는 철저한 '비가시성'을 내세워서 존재하지만 존재하지 않는 듯한 투명 인간의 하루는 결국 "고독사"라는 강렬한 종결로 무기력과 고독을 '죽음'의 은유로 치환한 자신의 하루를 압축해 보여준다.

귀환이 아닌 회피로 서술한 「집으로 가는 길」은 이방인처럼 떠도는 공간 속에서의 불안과 외로움을 부각한다. "이사 온 지 육 년"이라는 시간의 길이에도 불구하고 여전히 공간과 관계에 정착하지 못하는 술에 의지한 귀갓길, 그림자가 "유령처럼" 따라붙는 묘사로 화자의 고립감과 외로움을 극대화한다.

특히 "집에 가까워질수록 / 마음은 자꾸 뒷걸음 / 불 꺼진 창이 싫어 / 점점 느려지는 발걸음"은 집이 안식처가 아닌 공허와 적막의 상징으로 드러내 뿌리 내리지 못한 방황을 형상화하고「시장 가는 날」은 고독의 결을 생활의 구체성으로 확장해 장보기라는 일상 행위 속에서도 화자의 낯섦을 조명한다.

가격을 묻는 단순한 대화조차 입속에서만 맴도는 부자연스러움이 상인의 "혼자 사세요"라는 말로 화자의 마음을 찌른다. 관계의 부재가 곧 생활의 무게로 "양손의 짐만큼이나 버거운 일상"임을 실감하게 한다.

시인은 위에 제시된 시를 관통하는 그림자의 모티프가 구체적인 고독의 형상으로 자리해 일상의 평범함 속에서 외로움이 어떻게 스며들어 어떻게 한 사람의 하루를 잠식하는지를 있는 그대로 보여준다.

저물녘 길게 드리운 고독의 그림자는 단순한 감정이 아니라 하루의 끝에서 늘 따라오는 또 하나의 '존재'처럼 묘사해 화려한 은유 대신 생활 속의 평범한 장면을 통해 그 그림자를 은연중 드러내고 한 사람의 고유한 이야기에서 모두의 이야기로 확장 시켜 자신의 하루와 겹쳐 보게 한다.

❖ **그리움의 본향에서 상실을 꿰다**

화자는 가족과 함께 나눈 시간 그리고 그 시간이 지나간 자리에서 피어난 그리움을 차분히 채록하고 있다. 김동진 시인은 일상의 사소한 장면을 주소재로 삼아 그 속에 세월과 함께 웅숭깊어진 마음이 묻어나게 한다. 사라진 온기와 남겨진 빈자리를 응시하며 그리움을 언어로 붙잡는다.

집 오가는 길목의 반찬 가게
진열장 안 화려한 수많은 반찬

구운 생선 멸치볶음
갖가지 김치 다양한 밑반찬들
다 눈에 익은 익숙한 반찬들

그 옛날
어머니와 아내의 손맛 담긴 음식들이
진열장에서 날 유혹한다

반찬 가게 앞에만 오면
공연히 서성이는 마음
진열장 속 화려한 반찬 때문만 아니다

<u>어머니와 아내의 따뜻한 정이 그리운 게다</u>
<u>가족 둘러앉아 오순도순 식사하던</u>
<u>그때가 그리운 게다</u>   - 「반찬 가게」 전문

『그리다가 만 자화상』의 2부 소제목이 그리움의 터전인 것은 예로 든 시와 맥이 닿아 있다. 잠시 발을 멈춘「반찬가게」는 진열된 각가지 반찬 때문이 아닌 그 속에 이미 세상에 없는 어머니, 그리고 함께 식탁을 지켰던 아내의 손맛이 겹쳐 있고 "온 가족 둘러앉아 오순도순 식사하던 / 그때"라는 회상은 음식이 단순한 먹거리를 넘어 사랑과 온기의 매개였음을, 반찬 가게 앞에서 서성이는 모습은 결국 과거의 식탁으로 돌아가고 싶은 마음의 표현임을 밝히고 있다.

그렇다면 공원에 가득 핀 꽃과 어머니 얼굴에 번진 웃음이 한 폭의 봄 풍경처럼 펼쳐진「어머니의 봄날」은 어떤가? 술에 취해 있던 아들과 그 옆에서 눈치를 보며 지내야 했던 어머니에 대한 회한은 세월이 흘러 화자가 어머니의 나이에 이르러서야 깊게 다가온다. 지금은 세상에 없는 어머니가 환영처럼 따라나서는 장면은 읽는 이로 하여금 그리움이 어떻게 시간 속에서도 지워지지 않는지를 느끼게 한다.

누구나 어머니에 대한 그리움은 본능적으로 마음에 내장하는 반면 아버지에 대한 그리움엔 늘 서툰데 화자가 남자일 때 더욱 그러하다.

가족을 위해 강해져야 하는 그 강함은 종종 외로움의 가면이 된다. 직장에서의 경쟁과 불안, 집에서는 감춰야 하는 눈물의 그 이중성을 화자는「아버지의 술잔」에서 담담히 드러낸다. 특히 "허름한 포장마차에 너울거리는 그림자 / 아버지의 술잔엔 / 반은 한숨 반은 못다 흘린 눈물"이라는 마지막 연은 시의 전부를 함축하는 결정적 이미지로 변환한 모든 아버지의 초상일 것이다.

각기 어머니, 아내, 아버지를 통해 가족이란 이름 아래 쌓인 그리움과 미안함을 공유한다. 반찬, 봄나들이, 술잔이라는 평범한 소재가 시인의 손을 거치면 모두 관계의 기억이 된다. 시인은 그 기억을 단순한 회상으로 두지 않고 부재 속에 빈자리는 단순히 상실의 흔적이 아니라 여전히 우리의 마음을 데우는 불씨로 남아 있다.

시인은 편 편의 시로 옮긴 불씨를 독자 앞에 조용히 놓아두어 독자를 반찬 가게 앞에서 잠시 멈추게 하고, 봄날 공원을 걷게 하며, 포장마차 불빛 아래 앉아보게 할 것이다. 그리하여 그 길 위에서 각자의 어머니와 아버지, 그리고 돌아갈 수 없는 한 시절을 만나게 될 것이다. 그것이 김동진 시인이 건네는 가장 따뜻한 위로이자 오래 남을 울림이다.

❖ **삶의 무게와 시의 무거운 증언**

『그리다가 만 자화상』에 수록된 여러 편의 체험 시는 하루하루를 온몸으로 견디며 살아낸 사람만이 쓸 수 있는 기록으로 화려한 수사나 인위적인 장식이 없는 게 특징이다. 그 대신 살아 있는 '삶의 진흙'이 묻어 있고 그 속에서 씻어낸 언어가 있다.

시의 곳곳에서 발견되는 삶의 질곡들, 인생의 가장 낮고

거친 현장에서 시를 길어 올리고 있는데 그가 서 있는 자리는 언제나 햇빛보다 어둠이 먼저 깔리는 새벽이며 하루의 문턱에서 가장 먼저 마주하는 건 '거리의 쓰레기'이자 세상에 버려진 자기 자신이다.

아침이 오기엔 아직 먼 캄캄한 새벽
오가는 사람도 차도 뜸한 거리에서
마치 어둠을 쓸어 내리는 듯
거리 구석구석을 혼자서 청소한다

바람에 나뒹구는 낙엽과 담배꽁초
구겨진 화장지 찌그러진 깡통
세상의 온갖 사연을 담은 쓰레기들
쓸고 또 쓸어 모아 쓰레기봉투에 담는다

제법 말끔해진 거리만큼 먼동 밝아 오면
거리엔 오가는 사람들의 뭇시선이
나를 비질하듯 쓸고 나는 한 없이 작아져
쉼 없이 열등감을 빗자루로 쓸고 있다

내 자존심을 쓸어 내고
내 아픔을 쓸어 내고
내 슬픔을 쓸어 내고
내 인생을 쓸어 담고 있다
　　　　　　　　　　－「삶의 무게를 느낄 때」 전문

여기에서 시인은 빗자루를 든 채 단순히 거리를 청소하는 것이 아닌 자존심과 아픔, 그리고 세월이 부려놓은 슬픔까지 한 줌씩 쓸어 담는 행위로 나를 형상화한다. 먼동이 틀 무렵 거리는 깨끗해지지만 '노동이 곧 존재의 고백'이라는 사실이 또 다른 열등의 먼지로 '쓸리고' 있을지도 모른다는 가정으로.

극심한 불황과 경제 위축으로 쪼그라든 일터는 수많은 실직자를 생의 패배자로 만들었다. 화자가 절박함에 뛰어든 생존의 전쟁터라 할 수 있는 새벽 인력 시장 풍경이 묘사된 「인간 시장」은 차 한 대가 들어올 때마다 달려드는 사람들의 처절함 속에서 시인은 자신이 명함조차 못 내미는 '살아남기 위한' '그 아비규환의 전쟁터에서 / 난 철저한 패배자'로 남는다. 그러나 그 패배는 무가치함이 아니라 차마 몸을 던질 수 없었던 '존재의 경계'를 드러내며 단 하루의 경험이지만 그 속엔 하루 치의 절망보다 깊은 자괴가 생의 바닥이 깔려 있다.

화자의 경험으로 조금 더 깊숙이 들어가 보면 생의 곳곳에서 치열하게 살아내는 이들의 고군분투를 눈물겹게 엿보게 된다.

뙤약볕 아래의 마늘 작업장에서 육체가 뜨겁게 끓는 가마 속 쇳덩이처럼 달아오르는 「생과 사」는 숨 한 번 고를 틈 없는 속도전, 목마름조차 사치인 노동 속에서 시인은 죽음의 두려움을 함께 느낄 수 있다. '현기증에 구토증 귀에는 이명까지 들려 / 곧 쓰러질 것 같은 몸 / 억지로 하루 일을 끝내고 / 집에 와 쓰러져 사흘을 앓으면서 /죽음 저편을' 엿본 극한의 고통은 단순한 노동의 묘사가 아니라 '몸이 기억하는 생존의 기록'이다.

또한 고단한 삶을 견뎌낸 몸의 연대기인 「슬픈 육체」는 나이 듦의 체념과 수용을 담담히 그려내는데 고장 신호를 보내는 몸과 늘어가는 약봉지, 흐릿해지는 기억이지만 시인은 그럼에도 '밥 제때 먹고 열심히 걷고 / 맘 편히 모든 걸 받아들이다가 / 세상사 모두 잊고 / 순백의 영혼으로 세상 떠날 때까지'는 존엄으로 살아갈 결심을 놓지 않는다. 이는 죽음을 향한 두려움이 아니라 '순백의 영혼으로 돌아갈 준비'라는 품격 있는 마무리를 지향하고자 하는 바람인 것이다.

삶이 비루해 보이는 날에도 그 비루함 속에서만 건져 올릴 수 있는 빛이 있고 그 빛이 찬란하지 않아도 오래도록 꺼지지 않는 은은한 등불이 될 수 있음을 토로하고 있다.

나가며

❖ **인생 나이테에 새긴 언어**

김동진 시인이 나이 들어 가장 잘한 일은 시를 쓰는 일이라고 밝혔듯이 나이가 들수록 삶의 속도는 느려지지만 느려진 만큼 풍경은 더 세밀하게 보인다.

　젊은 날에는 스쳐 지나가던 것들이 이제는 멈춰 서서 오래 바라보면 저무는 해의 색이 다르고 나뭇잎 떨어지는 소리가 더 또렷하다. 늙음이 주는 품격은 바로 이런 '느림' 속에서 피어난다. 그 느림이 시를 깊게 하고 문장 하나에 더 많은 여백을 마련해 둔다.

　　젊은이는 찾을 수 없는 첫 열차엔 배낭을 멘 늙은이들만 우글
　　거린다

　　불룩한 배낭에 허름한 옷차림 너덜너덜 낡은 구두 눈이 안 보
　　이게 눌러 쓴 모자, 단숨에 읽히는 그들의 일상이 듬성듬성
　　빈 자리에 앉아 눈을 반쯤 감은 채
　　어제의 고단함을 고스란히 얼굴에 담고 또 힘겨운 하루를 시
　　작하는 슬픈 표정이다

　　저들의 얼굴에선 내일의 희망이란 찾아볼 수 없고 일상의 역
　　겨움과 조금도 나아지지 않는 현실에 이젠 저항 마저 포기한
　　그저 고된 삶의 포로일 뿐

　　열차 안은 무거운 침묵과 냉소만이 흐른다
　　그들에겐 아직 식지 않은 늙은 아내가 싸준 배낭 속의 도시락
　　이 유일한 위안이다

　　새벽 열차는 그런 군상들을 역사마다 한 모금씩 토해 놓고 있
　　었다
　　　　　　　　　　　　　　　　　　　－「도시 열차」 전문

시인은 늙음을 객관화하여 두려움이 아닌 위안으로 바꿔준다. 시를 쓰는 일은 시간 속에서 자신을 잃지 않는 가장 고귀한 방법으로 세월이 몸을 깎아내릴수록 언어는 오히려 단단해지고 맑아져 나이 들어서야 비로소 얻는 품격을 알고 있다.

그것은 화려한 수사가 아니라 경험에서 빚은 진솔함이 피워내는 맑음이며 고독조차 은빛의 빛깔로 물들이는 품위의 격조로 오래된 포도주가 제 향을 깊게 하듯 언어가 더 진해지는 과정으로 받아들이면 시는 나를 위로하는 작은 불씨에 그치지 않고 다른 이들의 밤을 밝히는 등불이 된다.

『그리다가 만 자화상』이 시집이 그 등불의 빛이자 더 넉넉해진 시인의 마음이 담은 온기이기를 바라며 독자의 하루에 조용히 스며들어 어느 한순간 온화한 위로가 되기를 소망한다.

김동진 2시집
그리다가 만 자화상

인쇄: 2025년 9월 01일
발행: 2025년 9월 05일

지은이: 김동진
펴낸이: 최경식
펴낸곳: 청옥출판사
인쇄처: 세종문화사

출판등록 제10-11-05호
E-mail: sik62001@hanmail.net
전화: 051-517-6068
값 12,000원

ISBN 979-11-91276-84-8 03810

* 이 책의 무단전재 및 복제행위는 저작권법에 의거, 처벌의 대상이 됩니다.